Inhalt

Der Drei-Punkte-Plan - neue Vorschläge für ein stabileres Europa

Kernthesen

Beitrag

Fallbeispiele

Weiterführende Literatur

Impressum

Der Drei-Punkte-Plan - neue Vorschläge für ein stabileres Europa

Robert Reuter

Kernthesen

- Die Regierungen in Berlin und Paris sind mit einem Drei-Punkte-Plan zur Stabilisierung der Euro-Zone in die Offensive gegangen.
- Anvisiert sind die Schaffung einer europäischen Wirtschaftsregierung und die Einführung einer Schuldenbremse. Zudem soll die Finanztransaktionssteuer kommen.
- Kritiker bemängeln, dass die Vorschläge im Kern nicht neu seien. Dies gilt jedoch nicht für das Vorhaben, Defizitsünder zukünftig auch durch die Vorenthaltung von EU-Geldern hart zu bestrafen.

Beitrag

Maßnahmen für mehr Stabilität

Mitten in die allgemeine Krise hinein haben Frankreichs Premierminister Nicolas Sarkozy und Bundeskanzlerin Angela Merkel ein weitreichendes Maßnahmenpaket beschlossen. Die Ziele sind die schon lange geforderte gemeinsame Wirtschafts- und Finanzpolitik sowie eine Schuldenbremse für die Euro-Länder. Verpackt wurden die Ideen in einem Drei-Punkte-Plan, der insbesondere dem deutschen Wunsch nach einer stärkeren Stabilitätskultur Rechnung trägt. Zumindest Frankreich scheint nach den dramatischen Erfahrungen während der Euro-Krise und dem wackligen Triple-A seiner Staatsanleihen entschlossen, den Pfad der Stabilität tatsächlich zu beschreiten. (1), (2)

Eine Wirtschaftsregierung für die Euro-Zone

Gewährleisten soll die gemeinsame Wirtschafts- und Finanzpolitik eine europäische Wirtschaftsregierung, die von den 17 Staats- und Regierungschefs gebildet wird. Die Leitung liegt bei EU-Ratspräsident Herman van Rompuy. Das Gremium soll mindestens zweimal im Jahr tagen und für eine einheitliche Finanz- und Wirtschaftspolitik sorgen. Die den Treffen zugedachte Funktion ist die eines "Eckpfeilers", der zur Verbesserung der wirtschaftlichen Steuerung des Euro-Währungsgebietes beitragen soll. Vornehmlichste Aufgabe der Wirtschaftsregierung soll es sein, die Mitgliedsstaaten dahingehend zu überprüfen, ob sie den Euro-Stabilitätspakt korrekt umsetzen. (1), (2)

Potenzial und Zweifel

Bei diesen jetzt festgelegten Befugnissen der europäischen Wirtschaftsregierung muss es jedoch nicht bleiben. Der Europarechtler Ralph Alexander Lorz etwa kann sich vorstellen, dass das Gremium auch dazu dient, eine gemeinsame Steuerpolitik anzustoßen. Andererseits könnte die Wirtschaftsregierung daran kranken, dass sie nur Empfehlungen aussprechen darf und keine Möglichkeit hat, Beschlüsse per Dekret durchzusetzen. So könnten bei den Treffen der Wirtschaftsregierung wieder vielzählige Absichtserklärungen zusammenkommen, die aber nicht umgesetzt werden. Eine rechtliche Bindungswirkung könnten Entscheidungen der Wirtschaftsregierung nur dann entfalten, wenn das

Gremium auch in den EU-Verträgen fixiert würde. Kaum ein Zweifel besteht indessen daran, dass die Wirtschaftsregierung tatsächlich ins Leben gerufen wird, denn Frankreichs Präsident Sarkozy fordert dieses Gremium schon lange. (1), (2)

Fehlende Befugnisse rufen Kritik hervor

Der Opposition sowohl in Frankreich als auch in Deutschland gehen die der Wirtschaftsregierung zugeschriebenen Befugnisse nicht weit genug. Kritisiert wird daher, dass das Gremium hierdurch nicht in der Lage sei, die Europäische Union tiefgreifend zu stabilisieren. Der Koalitionspartner der CDU hingegen hat den Beschluss begrüßt, insbesondere, weil die Liberalen eine "Detailsteuerung aus Brüssel" ohnehin ablehnen. Aus der Bundesregierung ist unterdessen herausgedrungen, dass sie die Bezeichnung "Wirtschaftsregierung" gleichfalls ablehne. Stattdessen handele es sich um eine regelmäßige Konferenz, die nicht bestimmen wolle, sondern nur zu einer verbesserten wirtschaftspolitischen Steuerung in der Euro-Zone beitragen soll. Den Sozialdemokraten geht dies nicht weit genug. Sie bezeichneten es insbesondere als fatal, dass das Thema Euro-Bonds, also gemeinsame Euro-Staatsanleihen, aus den deutsch-französischen

Beschlüssen ausgeklammert wurde. Die deutschen Grünen sehen in der geplanten Wirtschaftsregierung nur "alten Wein in neuen Schläuchen". Auch in Frankreich zielt die Kritik insbesondere auf die nicht verhandelten Euro-Bonds ab, da diese, so der frühere sozialistische Premierminister Laurent Fabius, zentraler Bestandteil einer echten gemeinsamen Wirtschaftspolitik seien. In Spanien und Irland wurde die Schaffung einer europäischen Wirtschaftsregierung begrüßt. (3), (6)

Schuldenobergrenze für alle Mitgliedsstaaten

Als zweiten Punkt haben die deutschen Regierungschefs die Einführung einer europäischen Schuldenbremse verabredet. Das Vorbild hierfür ist Deutschland, wo eine Schuldenbremse bereits gilt. Voraussetzung für die Einführung ist allerdings, dass die Euro-Länder die Schulden-Obergrenze in ihr nationales Recht aufnehmen. Da dies nicht verfügt werden kann, ist die europäische Schuldenbremse bisher auch nur ein Wunsch der Berliner und der Pariser Regierung. Als Orientierungsmarke soll die bereits im Maastricht-Vertrag festgelegte Obergrenze gelten, wonach die Gesamtverschuldung höchstens 60 Prozent des Bruttoinlandsproduktes betragen darf. Allerdings verfehlt selbst Deutschland, das zu den

Ländern mit der höchsten Bonitätsnote "Triple A" gehört, mit einem Schuldenstand von über 80 Prozent dieses Defizitkriterium. Staaten, die die 60-Prozent-Marke nicht einhalten, müssen einen Schuldenabbauplan vorlegen. (1), (2)

Keine echte Neuerung

Kritisch wird bewertet, dass die Schuldenobergrenze ebenfalls keine echte Neuerung darstellt. Kommentatoren glauben aber dennoch, dass ihre Einführung die Staaten stärker dazu animiert, auf Haushaltsdisziplin zu achten und die Neuverschuldung an die europäische Regel anzupassen. Dies könnte allerdings erst dann gelingen, wenn die Länder tatsächlich bereit sind, Schuldengrenzen in nationales Recht zu verwandeln. Dies aber bleibt ihre souveräne Entscheidung, so dass abgewartet werden muss, ob die Regierungen dazu bereit sind. (1), (2)

Harte Strafen für Sünder

Auch in Berlin und Paris ist man sich bewusst, dass nur die Empfehlung von Schuldengrenzen ins Leere münden könnte. Dies geht aus einem gemeinsamen Brief hervor, den Merkel und Sarkozy an den Chef des Europäischen Rats, Herman van Rompuy, gerichtet haben. Darin plädieren die beiden Regierungschefs dafür, Ländern mit schlampiger Haushaltsführung EU-Zuwendungen zu streichen. In dem Schreiben plädieren Merkel und Sarkozy zudem dafür, dass alle 27 Mitgliedsstaaten der Gemeinschaft ihre Neuverschuldung so rasch wie möglich auf null reduzieren. Nach den Plänen Merkels und Sarkozys soll die Kommission zukünftig sehr viel strikter prüfen dürfen, ob Gelder aus den Struktur- oder dem sogenannten Kohäsionsfonds der EU so verwendet werden, wie es die Kriterien vorschreiben.

Eine geradezu drastische Neuerung betrifft damit die Kontrolle des Haushaltsgebarens der Staaten. Ländern, die sich trotz laufenden Defizitverfahrens nicht an die Sparvorgaben halten, sollen aus den Strukturfonds und aus dem Kohäsionsfonds keine weiteren Gelder erhalten. Dies wäre tatsächlich eine Sanktion, die die Schuldenmeister der EU an die Kandare nehmen könnte. (4), (5)

Steuern auf Finanzgeschäfte

Als dritte Maßnahme wollen Frankreich und Deutschland den EU-Partnern einen Vorschlag für eine Finanztransaktionssteuer vorlegen. Anders als die in Deutschland bereits beschlossene, allgemeine Bankenabgabe wäre eine solche Steuer nur von solchen Banken zu zahlen, die an den Finanzmärkten Geschäfte machen. Nach den Überlegungen des Erfinders der Finanztransaktionssteuer, James Tobin, führt diese Abgabe dazu, dass hektische Handelsaktivitäten verteuert werden und darum weniger häufig stattfinden. Zudem bringt sie dem Staat hohe Einnahmen ein. Das Problem bei einer europaweiten Einführung wäre wahrscheinlich Großbritannien, das, wie auch Irland, von einer Steuer auf Finanzgeschäfte nichts wissen will. (1), (2)

Trends

Gemeinsame Körperschaftsteuer

Als besonders bemerkenswert bewerten Kommentatoren eine weitere Verabredung zwischen Merkel und Sarkozy, die im Vergleich mit den Vorschlägen für eine Wirtschaftsregierung und eine Schuldenbremse ein wenig untergegangen ist. Geplant ist eine gemeinsame Körperschaftsteuer, die 2013 in Deutschland und Frankreich eingeführt werden soll. Mit dieser Verabredung werden erstmals greifbar die Steuersysteme der beiden Länder miteinander harmonisiert. Das Vorhaben gilt freilich als äußerst ambitioniert. (1)

Fallbeispiele

Enttäuschung an den Aktienbörsen

An den ohnehin von Kursrückgängen gebeutelten Aktienbörsen haben die deutsch-französischen Vorschläge für Enttäuschung gesorgt. Insbesondere war es vermutlich die anvisierte Finanztransaktionssteuer, die die Anleger nach dem deutsch-französischen Gipfel zu Bundesanleihen greifen ließ. Deren Rendite fiel prompt auf den niedrigsten Stand seit zehn Monaten. (7), (8)

Weiterführende Literatur

(1) Merkel und Sarkozy für Wirtschaftsregierung der Euro-Zone
aus WirtschaftsWoche online vom 20110816, 19:25:20

(2) In die Hand versprochen // Neue Pläne gegen die Krise. Wie sehen sie aus, und wie umsetzbar sind sie? // DEUTSCH-FRANZÖSISCHE PLÄNE. Wie Europa stabilisiert werden soll, und wie früher über solche Maßnahmen gedacht wurde
aus Der Tagesspiegel Nr. 21069 VOM 18.08.2011 SEITE

002

(3) Geteiltes Echo auf Pläne für europäische Wirtschaftsregierung
aus Frankfurter Allgemeine Zeitung, 18.08.2011, Nr. 191, S. 1

(4) Haushaltssünder in der EU sollen bestraft werden
aus Süddeutsche Zeitung, 18.08.2011, Ausgabe Bayern, München, Deutschland, S. 1

(5) Der Zauber einer Null
aus Süddeutsche Zeitung, 18.08.2011, Ausgabe München, Bayern, Deutschland, S. 2

(6) Die Wirtschaft lehnt ein EU-Diktat ab
aus Süddeutsche Zeitung, 18.08.2011, Ausgabe München, Bayern, Deutschland, S. 2

(7) Börsianer flüchten in Bundesanleihen
aus Süddeutsche Zeitung, 18.08.2011, Ausgabe München, Bayern, Deutschland, S. 2

(8) Abwanderung per Mausklick // Finanzbranche warnt vor Transaktionssteuer / Deutsche Börse unter Druck
aus Der Tagesspiegel Nr. 21069 VOM 18.08.2011 SEITE 017

Impressum

Der Drei-Punkte-Plan - neue Vorschläge für ein stabileres Europa

Bibliografische Information der deutschen Nationalbibliothek

Die Deutsche Nationalbibliothek verzeichnet diese Publikation in der deutschen Nationalbibliografie; detaillierte bibliografische Daten sind im Internet über http://dnb.d-nb.de abrufbar.

ISBN: 978-3-7379-1680-6

© 2015 GBI-Genios Deutsche Wirtschaftsdatenbank GmbH, Freischützstraße 96, 81927 München, www.genios.de

Alle Rechte vorbehalten. Dieses Werk ist einschließlich aller seiner Teile – z.B. Texte, Tabellen und Grafiken - urheberrechtlich geschützt. Jede Verwertung außerhalb der Grenzen des Urheberrechtsgesetzes bedarf der vorherigen Zustimmung des Verlags. Dies gilt insbesondere auch für auszugsweise Nachdrucke, fotomechanische

Vervielfältigungen (Fotokopie/Mikroskopie), Übersetzungen, Auswertungen durch Datenbanken oder ähnliche Einrichtungen und die Einspeicherung und Verarbeitung in elektronischen Systemen.